Mallorca

Die Insel mit den tausend Gesichtern

Mallorca

Die Insel mit den tausend Gesichtern

Texte von
ALBERT HERRANZ

TRIANGLE POSTALS

Inhaltsverzeichnis

Mallorca

N
Cap de Formentor
Cala
Sant Vicenç
Badia de Pollença
Pollença
es Port de
Pollença
sa Calobra
Santuari
de Lluc
Alcúdia
es Port
d'Alcúdia
Badia d'Alcúdia
es Port
de Sóller
Cap Ferrutx
Campanet
Caimari
Can Picafort
sa Pobla
Sóller
Colònia de
Sant Pere
Mancor
de la Vall
Selva
Port de
Valldemossa
Deià
Orient
Muro
Valldemossa
Lloseta
Inca
Artà
Capdepera
Port des Canonge
Alaró
Santa
Margalida
Cala
Rajada
Binissalem
Llubí
Banyalbufar
Bunyola
Maria de
la Salut
Consell
Esporles
Sencelles
Estellencs
Ariany
Canyamel
Santa Maria
del Camí
Sineu
Sant Llorenç
des Cardassar
Son Servera
Puigpunyent
Santa
Eugènia
Galilea
Lloret de
Vistalegre
Petra
Cala Bona
Dragonera
sa Cabaneta
Cala Millor
Andratx
Pina
Sant Joan
Calvià
PALMA
Montuïri
Sant Elm
s'Illot
Algaida
Vilafranca
de Bonany
Manacor
Peguera
Port de
Palma
Port
d'Andratx
Randa
Portocristo
Illetes
Portals Nous
Can Pastilla
Porreres
Palma Nova
Llucmajor
Cala
Romàntica
Santa
Ponça
s'Arenal
Magaluf
Felanitx
Cales de
Mallorca
Badia de Palma
Campos
del Port
Cap de Cala Figuera
Badia Gran
Cas Concos
des Cavallers
Portocolom
Cala Pi
Cala d'Or
Portopetro
Santanyí
Cap Blanc
Colònia de
Sant Jordi
Cala Santanyí
Cap de ses Salines
Illa des Conills
Illa de Cabrera

Möglicherweise ist Mallorca die weltweit bekannteste Insel im westlichen Mittelmeer. In wie vielen Sprachen wurde der Name dieser Insel wohl schon ausgesprochen? In wie vielen Sprachen wurden von den Stränden Cala Rajada oder Cala Figuera geschwärmt? Wer alles hat seinen Blick schon über die Küste Sant Elm schweifen lassen, um dort den schlafenden Schatten der Insel Sa Dragonera zu finden? Und wer hat nicht schon ein leichtes Schaudern verspürt und das ferne Echo der Piraten und Korsaren in den Häfen Sóller, Andratx oder Pollença gehört? Mallorca ist die Insel, auf der die Figuren aus wundervollen Geschichten, die über Generationen überliefert wurden, mit wahren Personen zusammenleben, die zur realen Welt der Volkslegenden gehören. Giganten, Filmstars, Drachen, glückliche Millionäre... Eine vielfältige Geographie voller Überraschungen, unendlich viele Entdeckungen für den neugierigen Reisenden oder eine Schatzkiste für den Touristen, der etwas Besonderes erleben möchte... Mallorca ist eine widersprüchliche Insel, auf der die Vergangenheit und die Gegenwart zusammenleben. Hinter den Trägheit ausstrahlenden Pergolas und den lauten Stränden erraten wir nur schwer den wahren Charakter dieser beliebten Insel. Ein sehr vielfältiger und fesselnder Charakter

Die Insel mit den tausend Gesichtern

Mallorca ist ein Mosaik aus unzähligen Farben, die das geographische und menschliche Territorium formen. Die vom Mittelmeer umarmte Insel wartet geduldig auf ihre Besucher.

Auf nur 3640 km^2 hüten die Bewohner sorgsam eine tausendjährige Welt voller Überbleibsel der Araber, voller Spuren, die diskrete Reisende in der Vergangenheit hinterlassen haben, Echos aus Epochen der Angst und Schwerter, das Licht von Weisen wie Ramon Llull, die die drei Kulturen, die dieses blaue Mittelmeer geprägt haben, in einem universellen Frieden vereinen wollten. Doch trotz dieses Strebens sind die Mallorquiner ein umgängliches und tolerantes Volk.

Schon im Landesinneren scheint man das bewegte Meer erahnen zu können, das *la roqueta* umgibt, und die Küste träumt von den Düften der Gärten und der feuchten Erde im Binnenland. Ein Land ruhiger Bauern, mutiger Seeleute, abschüssiger Küsten im Norden und lieblicher Strände in den Buchten – Palma und Alcúdia –, ein Land, das manchmal unter der Mittagssonne zu dösen scheint. Doch lassen wir uns vom Schein nicht trügen. Unter dem goldenen Sonnenschleier herrscht ein geschäftiges Treiben. In Mallorca wartet man nicht lange, um moderne Gewohnheiten einzuführen und neue Formeln auszuprobieren, da es ja einst das Land waghalsiger Händler war. Dennoch trägt die spöttische Art der Insel, die Weisheit, die von der Sonne erhellt ist und aus hundertjährigen Olivenbäumen entspringt, dazu bei, dass die Modernität immer aus einer skeptischen Distanz betrachtet wird. Mit der gleichen Kraft, mit der etwas angenommen wird, wird es auch wieder aufgegeben. Diese für eine Insel typische Reserviertheit ist der Grund dafür, dass hier die Vergangenheit und die Zukunft zusammenleben. Diese Reserviertheit, die man vielleicht sogar als Misstrauen bezeichnen könnte, macht aus Mallorca ein Mosaik mit starken Kontrasten. Jedes der Stücke will

Der Frühling füllt die Felder mit Farben

bekannt sein, will genossen werden, wie man den Geruch nach Orangenblüten und die Langsamkeit der Sommertage genießen kann.

Dieses Mosaik aus Kontrasten war ein bekanntes Geheimnis unter den Reisenden und Abenteurern der vergangenen Jahrhunderte, bis das Geheimnis in den Fünfzigerjahren des 20. Jh. laut herausgeschrien wurde. Mallorca war das Hauptreiseziel während des Tourismusbooms. Diese Tourismuslawine musste in der Gegenwart etwas eingegrenzt werden. Heute schätzt man auf der Insel die Modernismustheorien anderer Epochen deutlich geringer und sucht nach neuen Mechanismen, um das Land zu schützen und zu verbessern. Dazu gehören Naturparks, der Schutz unberührter Strände usw. Man kann man auf der Insel wandern, in den neusten Trendlokalen tanzen, interessante Kirchen und Museen besuchen, die Strände genießen, sich in einen *celler* (Weinkeller) setzen und neue Weine probieren, oder einfach nur die Abenddämmerung genießen und dabei einen delikaten, frischen Fisch essen... Auf dieser so vielfältigen Insel Mallorca findet jeder das, wonach er sucht, sowohl der Reisende, der sich seinen Urlaub lieber organisieren lässt als auch der, der spontan reist und das Abenteuer einem festen Programm vorzieht.

Die ehemaligen „possessions" sind ein wertvolles Kulturgut

Eine der anziehendsten Regionen ist die Küste der Insel

I

Palma de Mallorca
Calvià
Andratx
Valldemossa
Deià

N
Badia de Sóller
579
Mirador de ses Barques
es Port de Sóller
222
Fornalutx
Biniaraix
Llucalcari
Punta de sa Foradada
Son Marroig
Miramar
Deià
Sóller
905
Alfàbia 1067
es Port de Valldemossa
946
1029
Cala de Valldemossa
Puig des Teix 1062
874
Mirador des Puig de sa Moneda
Jardins d'Alfàbia
es Port des Canonge
Cartoixa
Son Oleza
Valldemossa
Bunyola
Cala de Banyalbufar
Mirador de ses Ànimes
Banyalbufar
626
Raixa
sa Granja
Esporles
933
Cala d'Estellencs
Palmanyola
Estellencs
s'Esgleieta
Mirador de Ricardo Roca
Galatzò 1027
Puigpunyent
Establiments
926
Reserva Puig de Galatzó
es Pont d'Inca
Galilea
Cala en Basset
492
la Trapa
640
614
386
es Pla de na Tesa
Illa de sa Dragonera
446
Castell de Son Vida
Son Vida
sa Creu Vermella
376
s'Arracó
es Capdellà
Parc Natural de sa Dragonera
Sant Elm
Andratx
Calvià
PALMA
Castell de Bellver
462
Gènova
318
es Port d'Andratx
485
114
Port de Palma
Aeroport de Son Sant Joan
Cala d'Egos
Peguera
Cala Major
es Port d'Andratx
Portals Nous
ses Illetes
Cala Major
Cala Gamba
es Cap de sa Mola
Platja d'Illetes
Cala Llamp
Cap Andritxol
Cala Peguera
Platja de Palma
Palma Nova
Platja de Palma Nova
Platges de Mallorca
Cap des Llamp
Cala de Santa Ponça
Santa Ponça
Magaluf
Platja de Magaluf
Platja de s'Arenal
Illa Malgrat
Cala Vinyes
Badia de Palma
Portals Vells
Cap Enderrocat
Cala Portals Vells
Cap de Cala Figuera

Palma de Mallorca

Hauptstadt der Insel.Palma ist so sehr die wichtigste Stadt, dass sie von den Mallorquinern einfach nur noch *Ciutat* (Stadt) genannt wird. Aufgrund des Einflusses der italienischen Renaissance erlangte die Stadt ihren alten, römischen Namen zurück, Palma, und bis heute lebt die Stadt mit diesen zwei Bezeichnungen. Ausgang, geschätzte Brücke der Inselbewohner zur Außenwelt und gleichzeitig der Ort, wo die Nachrichten und Menschen ankommen, der Punkt der Vereinigung mit dieser Welt draußen, die manchmal so weit entfernt zu sein scheint...

Die Bucht von Palma wurde in der Vergangenheit sehr geschätzt und deshalb gründeten die Römer hier eine Siedlung. Danach kamen die Wandalen und Byzantiner und schließlich erweiterten die Araber die Siedlung und machten aus ihr diesen wundervollen Garten, der Jaume I (Jakob I.), den Eroberer, die Worte aussprechen ließ, dass Medina Mayurqa die schönste Stadt wäre, die seine Augen jemals gesehen hätten. Und Ciutat sah Könige kommen und gehen, sah Händler beladen mit Gold und phantastischen Geschichten vorbeiziehen, bis schließlich wieder ein anderer, berühmter Besucher, Kaiser Karl V., voller Bewunderung vor den Mauern der Stadt stand. Und so vergingen die Jahrhunderte und hinterließen ihre Spuren in dieser tausendjährigen Stadt, einst Siedlung der Römer, einstige Hauptstadt des Reiches und heute eine europäische Metropole.

Wenn man per Schiff oder per Flugzeug in die Stadt kommt, heben sich zwei Gebäude ab, La Seu (die Kathedrale) und die Burg Bellver.

Die Kathedrale La Seu beherrscht die Bucht und ist vielleicht das Gebäude, das Palma am besten zusammenfasst. Der Grundriss der Kathedrale ist rechteckig und sie besitzt drei Kirchenschiffe. Außer

Die prachtvolle Kathedrale überschaut einen kosmopolitischen Hafen

beeindruckenden gotischen und barocken Kunstwerken befindet sich in ihrem Innern auch eine mächtige Votivlampe, die von dem Architekten Antoni Gaudí stammt, und eine geschmückte Kapelle, an der der international bekannte Maler aus Mallorca Miquel Barceló noch arbeitet. Jahrhunderte der mallorquinischen Kunst reichen sich in diesem kollektiven Kunstwerk La Seu die Hand. In der Nähe der Kathedrale befindet sich der Palau de la Almudaina, einst Palast der Könige Mallorcas. Das Gebäude ist eine Mischung aus maurischer und christlicher, mittelalterlicher Kunst. In der Gegenwart wird hier die spanische Königsfamilie empfangen. Und unter diesen beiden Monumenten liegt der Parc de la Mar, ein Park, in dem die Bürger von Palma spazieren gehen, sich Konzerte anhören oder sich anderen Freizeitbeschäftigungen widmen, während sie den wunderschönen Teich betrachten, in dessen Wasser sich die Kathedrale spiegelt.

Der Architekt Guillem Sagrera, der Lehrling an der Kathedrale war, entwarf Sa Llotja, ein wundervolles Gebäude mit feinen Säulen neben dem Consolat del Mar, das zur Zeit der Sitz der autonomen Regierung ist. Beide Gebäude sind in Stein gehauene Zeugnisse der Bedeutung, die das Meer für die Stadt hatte. Jedoch wurde Guillem Sagrera der

Großzügige Eingangsbereiche unterstreichen die Pracht der alten Häuser

Eingangshof zu Can Vivot

Unzuverlässigkeit seiner Landsleute leid, wenn es um die Bezahlung ging, und er ging nach Neapel. Das war nicht verwunderlich, denn die Beziehung zu Italien wurde in vielen Aspekten enger. Das beweisen die weiten, offenen gotischen Innenhöfe der Altstadt: Can Oleza, Can Oleo, Can Catlar, Can Berga, Can Morei...Die Burg von Bellver, von deren Mauern aus man auf die ganze Bucht und Stadt schauen kann, ist mit ihrem runden Grundriss ein weiterer Beweis für diese enger werdende Beziehung.

La Palma kann den alten Bezeichnungen nach in Canamunt und Canavall (der obere und der untere Teil) unterteilt werden, die sich am alten Lauf des Gebirgsflusses Sa Riera treffen. Die Altstadt ist der Teil der Stadt, in der sich die meisten Schätze verbergen: die unzähligen Kirchen (Santa Eulària, Sant Jaume, Monti-sion...), der gotische Kreuzgang von Sant Antoniet, die Arabischen Bäder, die versteckten Innenhöfe... Und im Herzen der Stadt, Cort (das Rathaus) mit seiner Renaissance-Fassade, der Palau del Consell mit neogotischer Fassade, und dann die Plaça Major, die immer voller Kunsthandwerker und Straßenkünstler ist, der Modernismus des Gran Hotel, Can Casasayas, „El Águila“, Can Corbella, Can Forteza Rey...

Im Inneren der La Seu befindet sich eine auffallende, von Gaudí entworfene Votivlampe

Die Türme der Kathedrale vom Palau March aus gesehen

Auch die Viertel Es Molinar, El Terreno und Santa Catalina sind einen Besuch wert. El Terreno war einst eine edle Wohngegend, wie man an den prachtvollen Häusern sehen kann, in der Künstler wie Rubén Darío, Gertrude Stein, Camilo José Cela, Rusiñol, Albert Vigoleis usw. Zuflucht suchten oder lebten.

Es Molinar und Santa Catalina waren hingegen einfache Viertel, die vor allem vom Meer geprägt sind, und in denen man die vorzügliche Gastronomie der Insel genießen kann.

Eine weitere Attraktion von Palma sind die zahlreichen Kunstgalerien und Kulturzentren (Grand Hotel, Sa Nostra, Flassaders, Misericòrdia...) , die die Kultur der Stadt prägen. Etwas weiter von der Stadtmitte entfernt befindet sich die Fundació Joan Miró, die dem Besucher eine Reihe interessanter Aktivitäten und Werke dieses großen Malers Joan Miró bietet, der die Insel über alles liebte. Auch das Nachtleben in der Umgebung von Sa Llotja, in Gomila oder im Sporthafen im Zentrum der Bucht ist reizvoll und abwechslungsreich.

Casa Forteza Rey

Modernistische Bäckerei

Windmühlen im Viertel Es Jonquet in Palma

← Feuerwerk über dem Parc de la Mar

Palau March, Sitz des Museums der Stiftung Bartolomé March

La Llotja, eines der wichtigsten Bauwerke Palmas →

Die Burg Bellver auf ihrem Hügel dominiert Palma

← Bei einem Spaziergang durch die Altstadt entdeckt der Besucher die Vergangenheit der Stadt

Die merkwürdigen Mühlen von Pla de Sant Jordi →→

Portals Nous

Portals Nous ist das kleine Nizza oder Monaco von Mallorca. Sein exklusiver Sporthafen ist Zuflucht und Freizeitzentrum für die Reichen und Berühmten, die die Insel besuchen. Wenn Sie wissen möchten, was nächstes Jahr modern ist, die Berühmten sehen oder einfach nur die schicke Umgebung genießen möchten, dann müssen Sie nach Portals Nous.

Dieser elitäre Ort, an dem Freizeit und Vergnügen ganz groß geschrieben werden, befindet sich im Gemeindegebiet von Calvià, zwischen Bendinat und Costa d'en Blanes. Bis zum Beginn des Bürgerkriegs besaßen viele Familien der Mittelschicht hier ihren Zweitwohnsitz. Ende der Fünzigerjahre wurde hier das erste Hotel eingeweiht. Heute gibt es sechs Hotels, elf Bars und ungefähr 10 Restaurants in Portals Nous. Der Sporthafen mit 670 Anlegestellen und dem Segelclub mit 500 Schülern jährlich wurde im Jahr 1986 gegründet.

Cala Portals Nous mit der Felseninsel En Sales

Der Sporthafen

Magaluf

Magaluf liegt ebenfalls in der reichen Gemeinde Calvià und war einer der ersten, für den Tourismus erschlossenen Orte der Insel, und deshalb ist es vielleicht einer der Orte Mallorcas, der am meisten unter dem Tourismus gelitten hat. Dennoch ist es auch der erste Ort, an dem die neue Sensibilität der mallorquinischen Tourismusindustrie sich auswirkt. Traditionell wurde Magaluf gerne von den Engländern besucht, hier entstanden Moden und Musik, die danach die Trends in Großbritannien beeinflussten. Außer dem traditionellen, touristischen Angebot gibt es auch neue Konzepte, bei denen der Respekt für die Natur im Vordergrund steht. Der Ort mit seinen weiten Stränden, an denen ein breiter Boulevard vorbeiführt, gewinnt allmählich wieder seinen ursprünglichen Zauber zurück. An dieser Küste kann man den bergigen Norden Mallorcas erahnen.

Der Strand Gran de Magaluf

Dämmerung über dem Meer

Santa Ponça

E al cessar que féu lo vent veem la yla de Maylorque (Und als der Wind nachließ, sahen wir die Insel Mallorca), erzählte König Jaume I (Jakob I.) in seinen Chroniken über die Eroberung der Insel. Die friedlichen Strände von Santa Ponça waren der Schauplatz der Landung der christlichen Truppen. An dieses Ereignis erinnern die Inselbewohner alljährlich mit einer Inszenierung und einer Eröffnungsrede, welche die positiven Seiten der Vermischung von Kulturen herausstellen. Die unzähligen prähistorischen Fundstellen, Reste von punischen Handelsniederlassungen usw. zeugen davon, wie viele Kulturen schon an diesen Ort kamen. Aber Santa Ponça hat nicht nur schöne Strände. Im Golfclub Santa Ponça, in dem die Open der Balearen abgehalten wurden, können Golfliebhaber sich ihrem Spiel hingeben, viele weitere Sportanlagen (Pelota, Tennisplätze, Fußballplatz usw.) stehen zur Verfügung und der Club Nàutic von Santa Ponça veranstaltet regelmäßig Regatten.

Felseninseln Es Malgrat

Blick auf Santa Ponça

Peguera

Peguera ist ein sehr neuer Ort, auch wenn man ihm dies nicht ansieht. Erst 1958 wurden hier die ersten Häuser gebaut. Jedoch beweisen alte Dokumente, dass hier schon im 14. Jh. Fisch verarbeitet wurde, daher stammt wohl auch der Name. Obwohl der Ort heute vom Tourismus lebt, existiert noch Vieles, das von der landwirtschaftlichen Nutzung in der Vergangenheit, gegen Ende des 19. Jh., zeugt, als von hier große Mengen Kapern nach Frankreich exportiert wurden.

Peguera ist kein uninteressanter Ort, man kann den Strand mit Wanderausflügen kombinieren. An diesem Ort verweilten schon berühmte Maler wie Francisco Bernareggi, Pedro Blanes und Antoni Gelabert.

Punta des Carabiners, mit Peguera im Hintergrund

Es Racó de ses Llises in Cala Fornells

Es Cap de sa Mola gegenüber der Insel Sa Dragonera
El Camp de Mar, Küstensiedlung in der Nähe von Andratx →

Andratx

Andratx ist ein dynamischer Ort, der aufgrund der häufigen Angriffe berberischer Piraten bis zum 14. Jh. mit dem Rücken zum Meer lebte. Später wurde aus der Ansiedlung dann ein Fischer- und Bauerndorf. Andratx lebt heute vor allem vom Tourismus. Es ist eines der Dörfer der Insel, über das die meisten Legenden erzählt werden. Zwischen seinen engen Gassen und breiten Alleen verstecken sich Geschichten über Schmuggler, Piraten, Söldner, Emigranten, die in Amerika reich wurden oder in Armut starben. Andratx ist ein halbes Bergdorf, es befindet sich nicht in einem einzigen Tal, sondern zieht sich über mehrere Täler voller Mandelbäume und Weizen hin. In dem Hafen mit seinem schönen Kanal liegen die Boote der Fischer. Hier stößt der Reisende nicht auf Massentourismus. Im Osten des Hafens befindet sich Mola d'Andratx, eine kleine Halbinsel, die durch eine schmale Landzunge mit der Insel vereint ist und von der aus man die Insel Sa Dragonera erkennen kann.

Die Kirche und die Burg Son Mas, in der sich heute das Rathaus befindet, müssen Sie unbedingt besuchen. Andratx ist auch aufgrund der

Andratx, am Fuße des Gebirgszugs Serra de Tramuntana

Die Burg Son Mas, heute das Rathaus

kunsthandwerklichen Arbeiten bekannt, die dort aus den Blättern der üppig wachsenden Zwergpalmen (*garballó*) hergestellt werden. In der Nähe von Andratx befindet sich das kleine Dorf S'Arracó. Naturliebhaber finden hier verschiedene, wundervolle Landschaften wie die des Cap des Llamp und Cap d'Andritxol mit einer vielfältigen Fauna. Unter anderem sieht man Igel, Kaninchen und Ginsterkatzen. Die Mündung des Flusslaufes des Saulet bildet ein anderes, interessantes Ökosystem, in dem es noch eine stabile Population grüner Frösche gibt, eine endemische Unterart, die auf Mallorca heimisch ist.

Mündung des Torrent des Saulet

Das Gebirgsmassiv Puig de Galatzó beherrscht das Tal und den Hafen →→

Port d'Andratx vom Meer aus gesehen

Sant Elm

In diesem alten Fischerdorf ist Sa Dragonera allgegenwärtig. Diese Felsinsel, die von vielen mit einem schlafenden Drachen – auf katalanisch *dragó* – verglichen wird, ist hauptsächlich von Eidechsen bevölkert. Die Insel wurde aufgrund der hohen Population an Meeres- und Raubvögeln und des reichen Meeresgrund zum Naturpark erklärt. Die Bedrohung der Landschaft durch die Besiedlung ließ die Mallorquiner aktiv werden und eine staatliche Bewegung entstehen, die sich für den Schutz der Felseninsel einsetzte. Man könnte auch sagen, dass hier der Umweltschutz in Spanien begann. In Sant Elm gibt es eine öffentliche Bootsverbindung zur Insel, die Abfahrtszeiten erstrecken sich über den ganzen Tag. Sa Trapa befindet sich ungefähr 400 Meter über dem Meeresspiegel und formt eine beeindruckende Landschaft aus Steilküsten, die von den Ruinen des Trappistenklosters beherrscht wird. Hier wachsen 14 verschiedene Arten von Orchideen. Der alte Wachturm und der weiße Sand des Strandes von Sant Elm sind bereits Grund genug, um diesen Ort zu besuchen.

Die Felseninsel Es Pantaleu gegenüber von Sa Dragonera

Cala en Basset, ein schwer zugänglicher, wunderschöner Fleck

Die Insel Sa Dragonera vom Aussichtspunkt La Trapa aus gesehen

Beispiele für die Flora und Fauna des Naturparks →

Estellencs

Es handelt sich um kleines Dorf, ein räumlich kleines Dorf mit wenigen Einwohnern. Ungefähr 300 Bürger leben in diesem Ort. Das Dorf liegt in einem Tal umgeben von Bergen: Moleta de S'Esclop (900 m), Sierra de Pinotells (730 m), Penyal del Moro (618 m), Moleta Rasa (681 m), Serra dels Puntals (882 m) und nicht zu vergessen der beunruhigende Schatten des Berges Galatzó (1027 m). Von hier aus kann man die umliegenden Gebirge erkunden oder sich in dem Hafen baden, der ganz in der Nähe liegt. Da diese Küste lange Zeit von Piraten bedroht wurde, sind überall in dieser Gemeinde Verteidigungstürme zu finden. Auch der Glockenturm der Kirche ist ein ehemaliger restaurierter Verteidigungsturm. Wenn Sie von Andratx kommen, müssen Sie in Es Grau anhalten und die Aussichtsterrasse genießen, die dem Ingenieur Ricard Roca gewidmet ist. Von hier aus haben Sie einen überwältigenden Blick auf die Nordküste.

Winterliches Bild

Das Dorf, geschützt von dem Berg Mola de Planícia

Banyalbufar

Ebenso wie Estellencs ist Banyalbufar ein Bergdorf mit einem kleinen Ortskern. 100 Meter über dem Meeresspiegel gelegen öffnet das Dorf sich zum Meer. Es liegt nicht ganz so eingepfercht wie Estellencs und ist von der gleichen Landschaft aus Bergterrassen und Terrassenfelder, den sogenannten *marges,* umgeben. Der Ortsname leitet sich aus dem Arabischen ab. *Bunjola al-bahar* bedeutet „kleiner Weinberg am Meer". Schon zur Römerzeit war Banyalbufar für seinen Wein berühmt, und das blieb so, bis die Reblausplage die Weinstöcke in Mallorca absterben ließ. Die Spezialität von Banyalbufar ist der Malvasierwein, der nach langen Jahren der Vergessenheit heute wieder gekeltert wird. Dieser Wein schmeckt auch dem anspruchsvollsten Weinkenner.

Die Kultur des Dorfes ist eng mit dem Wasser verbunden. Die zahlreichen Wassermühlen und das Wasserverteilungssystem *ma'jil,* das von den Mauren eingeführt wurde, bezeugen dies. Besichtigen Sie unbedingt die Talàia de ses Ànimes in Dorfnähe und den Turm de la Baronia im Ortskern.

Die Häuser schmiegen sich auf die Stufen der Terrassen

Innenhof des Torre de la Baronia

Wachturm auf dem Aussichtspunkt Ses Ànimes
Blick nach Westen vom gleichen Aussichtspunkt aus →

Valldemossa

Möglicherweise ist Valldemossa das bekannteste Dorf in Mallorca. Berühmte Besucher wie Jovellanos, George Sand, Chopin und Rubén Darío haben diesem Dorf zu Bekanntheit verholfen. Im alten Kartäuserkloster La Cartoixa scheint immer noch der Geist von Chopin und George Sand gegenwärtig zu sein. Das berühmte Paar residierte 1838 und 1839 in diesem Dorf. Aus dieser Zeit stammen viele Anekdoten und Gerüchte über die Beiden, die auch heute noch im Umlauf sind. George Sand schrieb ein Buch über ihre Erfahrungen auf Mallorca mit dem Titel *Ein Winter auf Mallorca*, heute ein Klassiker über diese Insel. In jedem Haus der Insel finden Sie eine Kachel mit der meistverehrten Heiligen

Der Turm Sant Bartomeu ragt über die Dächer

In La Cartoixa ist ein bedeutendes, kulturelles Erbe zu finden

Mallorcas, Santa Catalina Thomàs. Diese Heilige stammt aus dem Dorf und das Haus, in dem sie einst lebte, ist auch heute noch erhalten. Valldemossa hat jedoch noch Vieles mehr zu bieten. So können Sie z. B. die köstlichen *coca* (eine Art süßes Gebäck) aus Kartoffeln probieren oder einen idyllischen Spaziergang durch die malerischen, engen, gepflasterten Gassen machen. In fünf Kilometer Entfernung befindet sich Miramar, die ehemalige Residenz des Erzherzogs von Österreich Ludwig Salvator, der auch Autor einer Enzyklopädie über Die Balearischen Inseln mit dem Namen *Die Balearen* ist. Nicolau de Calafat installierte die erste Druckerei Mallorcas in Miramar und Ramon Llull gründete hier 1276 seine Schule für Übersetzer östlicher Sprachen. Andere bemerkenswerte Orte sind

Son Marroig, wo das dem Erzherzog gewidmete Museum untergebracht ist, die Wallfahrtskirche (Ermita), der Hafen von Valldemossa und Dorfkirche aus dem 18. Jh.. Einige berühmte Besucher haben ebenfalls etwas für das Dorf getan. Der Schauspieler Michael Douglas schuf das Lokal Costa Nord, wo man ausgezeichnet essen kann und Konzerte und andere interessante kulturelle Veranstaltungen stattfinden.

Blumen und Pflastersteine im Carrer de sa Rectoria

Valldemossa, zwischen der Pfarrkirche und La Cartoixa →→

Relaxen nach Katzenart

Wallfahrtskirche Miramar

← Von Miramar aus sieht man die Landzunge Sa Foradada

Galerie von Son Marroig

Gegenlicht in Sa Foradada →

Deià

Das Dorf liegt auf einem Hügel im Schatten des Berges Teix (1062 m). Auffallend sind die Steinhäuser, die sich den steilen Berg hochschlängeln, bis sie an der Kirche und am Friedhof enden. Die Kirche erhebt sich spitz wie ein Bug gegen den Himmel und das Meer.

Deià wurde von den Mauren gegründet, was deutlich an der Straßenführung und dem Bewässerungssystem zu erkennen ist, das immer noch benutzt wird. Viele berühmte Besucher kommen nach Deià. Häufig kann man bekannte Sänger oder Musiker in einem der Lokale des Dorfes spielen hören. Die Umgebung des Dorfes ist ideal für Wanderer. Es gibt Wege, die in die Nachbardörfer Sóller und Valldemossa führen. Ungefähr eine halbe Stunde Fußmarsch vom Ort entfernt liegt die Bucht Cala Deià mit ihrem kristallklaren Wasser. Man kann auch im Auto zu dieser Bucht gelangen. Unter all den berühmten Besuchern des Ortes ist vor allem Robert Graves zu erwähnen, der Autor von Werken wie *Ich, Claudius* und *Die Weiße Göttin*. Robert

Die Steinhäuser bedecken den Hügel

Die Abenddämmerung unterstreicht die wundervolle Landschaft

Graves ist auf dem Friedhof des Ortes beigesetzt. Seit er in den Zwanzigerjahren in dieses Dorf kam, kämpfte er um dessen Erhaltung, und er zog zugleich eine große Gruppe Intellektueller aus verschiedenen Bereichen an. Deià besitzt ein interessantes Archäologiemuseum, das Museo Parroquial (Pfarrmuseum) und ein dem Maler Norman Yanukin gewidmetes Museum. Außerdem findet hier das Internationale Festival von Deià statt.

Ungefähr 15 Minuten von Deià entfernt befindet sich die bemerkenswerte Häusergruppe Llucalcari und die Bucht Es Canyereta, wo man nackt baden kann. In dieser Bucht gibt es eine steinige Zone mit einem Wasserrohr, aus dem Süßwasser aus den umliegenden Gebirgen fließt und wo es einen tonhaltigen Schlamm gibt, mit dem sich manche den Körper einschmieren. In der Nähe dieser Bucht liegen noch andere Buchten, die man leicht erreichen kann.

Llucalcari mit der Landzunge Sa Pedrissa im Hintergrund

Fischerhütten in Cala Deià

Der Kormoran schwimmt und fischt in diesem sauberen Gewässer
← Die Bucht mit ihrem ruhigen Wasser lädt zum Tauchen ein

2

Sóller
Lluc
Pollença
Formentor

N
Cap de Catalunya
Cap de Formentor
334
Cala Sant Vicenç
Castell del Rei
542
Cala Sant Vicenç
350
el Port de Pollença
Cala Pi de la Posada
Cap des Pinar
Badia de Pollença
Ternelles 839
el Calvari
Pont romà
Pollença
Puig de Maria 333
Platja des Coll Baix
445
Alcúdia
Cala de sa Calobra
Cala Tuent
462
Torrent de Pareis
Puig Roig 1002
Escorca
Monestir de Lluc
1103
443
247
es Port d'Alcúdia
Illa d'Alcanada
268
Port Sóller
579
Mirador de ses Barques
Puig Major 1447
Emb.des Gorg Blau
Massanella 1352
532
Coves de Campanet
327
Platges de Mallorca
Badia d'Alcúdia
Parc Natural de s'Albufera
Fornalutx
Binibona
Campanet
Ullaró
ses bassetes 1216
Embassament de Cúber
1047
Caimari
Platja de Santa Margarida
Biniaraix
sa Pobla
Can Picafort
Sóller
l'Ofre 1091
Mancor de la Vall
Selva
Moscari
Búger
Necròpolis de Son Real
Alfàbia 1067
1029
Orient
s'Alcadena 813
Biniamar
Inca
Muro
Puig d'Inca 307
Jardins d'Alfàbia
Lloseta
Alaró
Binissalem
Santa Margalida
671
Bunyola
Llubí
Jornets
almanyola
Santa Maria del Camí
Biniagual
Maria de la Salut
Consell
Costitx

Die Gärten Jardines de Raixa an der Landstraße von Palma nach Sóller
← Jardines de Alfàbia an der Einfahrt zum Túnel de Sóller

Sóller

Dieser Ort war noch bis vor kurzer Zeit vom Rest der Insel durch eine Gebirgskette getrennt. Der einzige Zugang war die Eisenbahn und ein Serpentinenweg, der Coll de Sóller. Deshalb entwickelte Sóller sich sehr abgeschottet vom Rest der Insel und baute enge kommerzielle und soziale Beziehungen zu Frankreich auf, die immer noch bestehen. Die prachtvollen modernistischen Bauten (Can Pruna, Banc Central Hispano, die Straße Gran Via...), die Straßenbahn und die Eisenbahn selbst zeugen von der Vergangenheit der Stadt, einst eine wichtige Hauptstadt für die Textilindustrie und den Export von Zitrusfrüchten. Heute ist die Zufahrt mit dem Auto einfacher geworden, ein Tunnel, für den eine Maut erhoben wird, wurde erbaut. Dennoch ist es der Mühe wert, in das Dorf mit dem *Tren de Sóller* (Zug von Sóller) hineinzufahren. Es handelt sich um eine Elektrolok, die seit 1912 mit ihren Waggons aus Holz, Schmiedeeisen und Glas bis zu 12 Tunnel durchquert und im Zickzack das Tal des Dorfes umfährt, bis sie zur Endstation gelangt.

Die modernistische Kirche Sant Bartomeu

Der Botanische Garten von Sóller

Das Fest der „Mauren und Christen" im Port de Sóller
Sóller während der Festtage, der Bahnhof und die beliebte Straßenbahn →

BILLETES
TICKETS

Gabi
BAR

SERVICIO AGENCIAS
22

Der Dorfplatz voller Terrassen und buntem Leben ist das Nervenzentrum des Ortes. Dort befinden sich das Rathaus und die neoklassische Kirche Sant Bartomeu. Die Straßenbahn fährt bis zum Hafen in 2 km Entfernung. Am Hafen, der sich in einer natürlichen Reede befindet, befinden sich mehrere Strände und ein Sporthafen. Vom Hafen aus werden Ausflüge zu verschiedenen Orten der Insel organisiert (Sa Calobra, Na Foradada...) Sie sollten auch das interessante *Museu Balear de Ciències Naturals* (Balearisches Museum für Naturwissenschaften) und den dazugehörigen botanischen Garten besuchen. Die traditionellen Feste der Mauren und Christen *Sa Fira* und *Es Firó* mit ihren Tänzen, Märkten und Ausstellungen finden in der zweiten Maiwoche statt. Im Juli und August findet die berühmte *Mostra Internacional Folklòrica* (Internationale Folkloreschau) statt, zu der Teilnehmer aus der ganzen Welt kommen.

Die Gebirgskette, die Sóller umgibt, die Gärten mit Zitronenfrüchten und die Wege und Pfade, die diese durchqueren, machen aus der Region einen idealen Ort für idyllische Wanderungen.

Die Straßenbahn verbindet die Stadt mit dem Hafen

Der Zug von Palma bei seiner Einfahrt in das Tal von Sóller

Hafenstimmung im Port de Sóller

Der Hafen vom Aussichtspunkt Ses Barques aus gesehen →

COPA KINDER
COPA ADVOCAT
COPA FRUTA
COPA CARAMELO
ORANGE SOLLER
BANANA SPLIT

Aus den Zitrusfrüchten der Region werden im Sommer Eis und Saft hergestellt

Biniaraix

Dieser kleine Ort liegt in der Nähe von Sóller. Auffallend sind die hübschen Häuser und Gärten des Dorfes, die Gassen mit Treppen und die Kirche Santa Maria (1634). Im April findet hier das traditionelle Malertreffen *Trobada de Pintors del Barranc* statt. Der bekannte Weg bekannte Weg Barranc de Biniaraix führt vom Dorf bis zum Tal L'Ofre. Er folgt dem Bachbett des Barranc und ist gepflastert. Es handelt sich um einen wunderschönen Weg, der das Bachbett ständig durchquert.

Die Landschaft mit ihren Terrassenfeldern und Steinmauern, die der Geographie der Schlucht folgen und so seltsame Formen annehmen, beheimatet eine reiche Flora und Fauna. Piferrer sagt in dem Buch *Las islas Baleares* (1888): „Über eine schmale Steigung, sehr schmal und schnell, die sich an Abgründen vorbei schlängelt, klettern wir unter großer Anstrengung zum Barranc (Schlucht), und schon halten wir an, um mit Erstaunen die schweren Massen zu betrachten, die unsere Köpfe bedrohen, und unser Blick geht weiter bis in die Tiefen der felsigen Seiten."

Straßen und Häuser passen sich an die Landschaft der Schlucht an

Ländlicher Anblick mit hundertjährigem Olivenbaum

Fornalutx

Fornalutx ist ohne Zweifel landschaftlich und architektonisch hochinteressant. Es liegt 166 m über dem Meeresspiegel und lebte immer im Schatten von Sóller. Jedoch ist Fornalutx schon seit 1837 eine unabhängige Gemeinde. Es gibt sehr interessante Häuser (Can Arbona, der Sitz des Rathauses, Casa d'Amunt, Posada de Balitx, Can Xandre, Can Ballester, Can Bisbal...), und die Kirche mit der bemerkenswerten Orgel wurde schon 1484 schriftlich erwähnt. Die Häuser des Dorfes zeichnen sich durch die typischen bemalten Ziegel auf den Vordächern aus (28 Häuser sind verzeichnet). Diese Ziegeln findet man im ganzen Tal von Sóller.

Frühlingsstimmung im Ort

Eine terrassenförmig angelegte Straße, ein Garten voller Düfte

Die Architektur des Gebirges schafft wundervolle Bilder
← Innenräume des Landhotels Bàlitx d'Avall

Die Kultur des Öls lebt auf der Insel weiter

Alte Mühle in der Ölmühle von Mofarès →

Sa Calobra

Es gibt verschiedene Wege nach Sa Calobra. Entweder durchquert man den gesamten Gebirgszug über die Landstraße von Sóller nach Lluc, und nähert sich der Küstenlinie in Schlangenlinien an, die eigens von dem Ingenieur Antonio Parieti entworfen wurden, um die Attraktivität für Touristen zu erhöhen, oder man kann mit einem Boot von Port de Sóller aus an der Küste entlang fahren, oder über die langen und kurvigen Bergwege kommen.

Eigentlich handelt es sich um zwei Buchten, die sich ineinander fügen und von eigenartigen Felswänden mit Rissen und Formen umgeben sind. Eine der Buchten, S'Olla, ist die Mündung des Torrent de Pareis. Sie formt ein riesiges, natürliches Amphitheater, in dem wundervolle Chorkonzerte stattfinden. Die 122 m vom offenen Meer entfernte Bucht ist von außen nicht zu sehen. Für die Liebhaber des Canyoning in Mallorca ist es ein absolutes Must, diesen Sturzbach hinunterzufahren.

Sa Calobra gehört zum bergigen Gemeindegebiet von Escorca, das die niedrigste Bevölkerungsdichte auf der Insel aufweist und doch die

Mündung des Torrent de Pareis

Von Sa Calobra aus erreicht man durch einen Tunnel die benachbarte Bucht

neuntgrößte Gemeinde ist. Die *possessions* sind das wichtigste urbanistische Element (Mortitx, Mortitxet, Mossa, Femenia, Binifaldó, Binimorat, Cúber...). In diesem Bezirk befinden sich die Berge Puig Major (1447 m), l'Ofre (1091 m), Puig de Massanella (1352 m), Puig de Ses Bassetes (1216 m) und es entspringen die größten Sturzbäche der Gebirge, Almadrà, Massanella, Coma Freda... Es gibt über 60 Quellen und mehr als 30 archäologische Fundstätten. Sowohl in der Umgebung von Sa Calobra als auch um Escorca herum kann man Wandern gehen, Ausflüge machen und Bergsteigen, wenn auch unter großer Vorsicht. In dieser Region befindet sich auch die Bucht Tuent mit ihrem 180 m langem Strand aus feinem, weißen Sand.

Die beeindruckende Bresche endet an einem kleinen Strand

Der Strand Cala Tuent neben Sa Calobra

Eine der Biegungen des Torrent de Pareis

← Ein anderer Winkel der Schlucht

Sanktuarium von Lluc

Die Kapelle von Lluc ist die spirituelle Seele der Insel. Der Name leitet sich von dem lateinischen Wort lucus (heiliger Wald) ab, und hier wird die Schutzpatronin von Mallorca, die Mare de Déu de Lluc, verehrt. Ihr Abbild ist aus vielfarbigem Stein und im gotischen Stil (14. Jh.), und sie ist mit dem Habit der ehemaligen Herren von Lluc gekleidet, den Rittern des Templerordens. Die Legende sagt, dass dieses Marienbild kurz nach der Eroberung der Insel von einem Hirten in der Nähe der heutigen Sakristei gefunden wurde.

Der Knabenchor der Kirche, der im Volksmund *Els blauets* genannt wird, ist sehr berühmt. Der Name ist auf die Farbe ihrer Soutanen zurückzuführen, die *blau* (blau auf katalanisch) sind. Es handelt sich um einen der ältesten Chöre Europas (1531), der wegen seiner musikalischen Qualität sehr angesehen ist. Es gibt auch ein Museum, in dem die prähistorischen Überreste des Cometa del Morts und die schönsten Schmuckstücke der Jungfrau Mare de Déu ausgestellt werden. Ebenso gibt es ein Museum der Naturwissenschaften mit einem wundervollen botanischen Garten voller einheimischer Pflanzenarten. Die zahlreichen Pilgerer, die an diesen Ort kommen, finden in einem Gasthaus Aufnahme.

Clot d'Albarca mit Puig Roig im Hintergrund

Blick auf das Sanktuarium

Olivenbäume in der Umgebung von Lluc

← Die Silhouette des Puig Major, von der Landstraße von Sa Calobra aus gesehen

Las Fonts Ufanes, ein Naturphänomen in dieser Region

Stalaktiten und Stalagmiten in den berühmten Höhlen von Campanet

Cala Sant Vicenç

Auch wenn der Name dies nicht zu erkennen gibt, handelt es sich bei der Cala Sant Vicenç in 7 km Entfernung von Pollença nicht um eine einzige, sondern um drei Buchten, nämlich Cala Barques, Cala Clara und Cala Molins. In diese Buchten münden verschiedene Bäche. Die Buchten werden von dem Gebirgsausläufer Cavall Bernat, der bis zum Meer reicht, geschützt. Das Wasser ist ruhig und transparent, falls es nicht gerade durch einen Sturm mit Tramuntana-Wind aufgewühlt wird. Hier gibt es einen kleinen, ruhigen und touristischen Ort. Die Landschaft ist von so besonderer Schönheit, dass sie Maler wie Anglada Camarasa, Santiago Rusiñol und Sorolla anzog, die sich von ihr inspirieren ließen.

In der Bucht Sant Vicenç fanden auch verschiedene Projekte für die archäologische Unterwasserforschung statt. Hier befinden sich die wichtigsten künstlichen Höhlen, die der Kultur der Talayots als Grabstätten dienten. Die Bucht Sant Vicenç ist von einer wundervollen Landschaft umgeben, die zum Wandern oder zum Klettern einlädt.

Cala Molins, beschützt durch die Bergwände des Cavall Bernat

Cala Barques in der Bucht Cala Sant Vicenç

Fischadler

Klares Wasser in einer beeindruckenden Umgebung →

Pollença

Die Ortsmitte von Pollença liegt 4 km von der gleichnamigen Bucht entfernt. Der Name Pollença leitet sich von dem lateinischen Adjektiv und Partizip *pollens* (Kraft haben) ab. Der Ort wurde also als eine Stadt voller Elan, voller Kraft bezeichnet. Pollença ist ein ruhiger Ort mit einem wundervollen Platz mit großen Platanen, an dem sich so bekannte Bars wie Can Moixet (Bar Espanyol) befinden. Obwohl es sich um so einen ruhigen Ort handelt, schrieb Agatha Christie dort ihre Kurzgeschichte *Paradies Pollensa*.

Bemerkenswerte Monumente sind die römische Brücke mit den beiden Bögen in der Nähe der Kirche, die von den Templern errichtet wurde, und das barocke Kloster Sant Domingo. Im Innenhof dieses Klosters wird seit vierzig Jahren das Festival von Pollença abgehalten, eine Konzertreihe, die großes Ansehen in Europa genießt. Die häufigste Ansicht des Ortes ist die Treppe, die in der Straße Jesús beginnt. Es handelt sich um 365 von Zypressen umrahmte Treppenstufen und einen Kreuzweg mit beeindruckenden Kreuzen. Dies ist der Aufstieg zum

Cuesta del Calvari

Die Plaça Mayor in der Dorfmitte

Kalvarienberg. Am Ende der Treppe befinden sich die Kapelle und einige Aussichtspunkte, von denen aus man ganz Pollença überblicken kann. Ein anderer, wundervoller Aussichtspunkt ist Puig de Maria, von dem aus man einen überwältigenden Blick auf die Halbinsel Formentor, die Bucht von Pollença und das Tal von Sant Vicenç genießt. Auf dem Puig de Maria befindet sich eine Wallfahrtskirche, die auch als Herberge genutzt wird. In dieser Landschaft leben viele verschiedene Arten von Pflanzen und Vögeln. Bei der Burg Castell del Rei handelt es sich um die alten Ruinen der königlichen Burg von Pollença. Diese Burg wurde einst von den Moslems errichtet und ihre 476 m hoch gelegenen Ruinen beherrschen einen großen Teil der Region. Die Burg, die im Jahr 1732 verlassen wurde, wurde zwischen den Jahren 1992 und 1994 erstmals restauriert.

In Pollença findet eines der populärsten Feste der Insel statt, el *Simulacre* oder *Moros i Cristians* (Mauren und Christen), das der Schutzheiligen des Dorfes, der Mare de Déu dels Àngels gewidmet ist. In diesem Simulacre feiern die *pollencins*, die Bewohner von Pollença, ihren Sieg über türkische Piraten im Jahr 1550. Die gegnerischen Truppen werden von historischen Persönlichkeiten kommandiert, dem Piraten Dragut und dem Bürgermeister Joan Mas, die von den

Die „pollencins" feiern ihre Stadtfeste mit großer Begeisterung

Kreuzgang des barocken Klosters Sant Domingo

Moixet CA

Bewohnern des Dorfes dargestellt und durch ein strenges Wahlverfahren bestimmt werden.

Gastronomische Spezialität des Ortes ist die *formatjada*, ein köstlicher Käsekuchen. Im Gemeindegebiet gibt es verschiedene Möbelfabriken, die rustikale Möbel bauen, und in der Stadt gibt es mehrere Dekorationsläden und Geschenkshops. Im Ort findet sonntags ein Markt statt und im Hafen von Pollença mittwochs.

Zwischen Pollença und Alcúdia liegt die Àrea d'Especial Interès de S'Albufera (Gebiet von besonderem Interesse), das erste Naturschutzgebiet Mallorcas.

Der Strand Albercutx in Port de Pollença

Der Gebirgszug El Morral d'en Font beschützt den Hafen

In der Bucht von Pollença sind noch viele, idyllische Flecken zu finden

Strandpromenade. Im Hintergrund die Landstraße nach Formentor →

Formentor

Die beeindruckendsten Landschaften in der Gemeinde Pollença befinden sich ohne Zweifel auf der unter Naturschutz stehenden Halbinsel Fomentor mit ihren Steilküsten und gezackten Bergen, die sich majestätisch erheben, um schwer in das sich immer verändernde Meer herabzufallen. Eine Serpentinenstraße durchquert die Halbinsel und umschlängelt die unzähligen Steilküsten. Die Straße endet am Far de Formentor, ein dramatisch schöner Ort, der zweihundert Meter über dem Meeresspiegel liegt, und von dem aus man verschiedene Ausflüge zu den unzähligen Buchten (Cala Murta, Cala Boquer, Cala Figuera usw.) machen kann, oder die interessanten Vögel beobachten kann, die in diesem Gebiet nisten.

Zu Beginn des Jahrhunderts kamen zwei argentinische Künstler und Millionäre nach Pollença, Adan Diehl, der Schriftsteller, und Roberto Ramaugé, der Maler. Der Maler verliebte sich in die Landschaft und erbaute das berühmte Hotel Formentor an der Cala Pi. Dieses legendäre Hotel besitzt eine elegante Terrasse und wundervolle Gärten. Zu den

Punta de la Nau und die Felsinsel El Colomer, vom Aussichtspunkt aus gesehen

Gegenlicht in der Abenddämmerung

Gästen dieses Hotels zählten berühmte Menschen wie Grace Kelly, Winston Churchill, Renier von Monako, der Herzog von Windsor usw. Auch weltberühmte Schriftsteller trafen sich in diesem Hotel, als dort die Entscheidung über die Internationalen Preise Biblioteca Breve getroffen wurde, oder einflussreiche Politiker hielten dort ihre Weltgipfel ab. Zu den Füßen des Hotels liegt der Strand von Formentor mit seinem weißen Sand, umgeben von einem üppigen Pinienhain.

In dem Hotel Formentor entstand das Wort „estraperlo", eine Kombination aus den Namen zweier holländischer Unternehmer, Strauss und Perle, die ein neues Roulette erfanden, das im Hotel und im Kasino von San Sebastián eingeführt wurde. Als Entschädigung für die Genehmigung zur Einführung dieses Glückspiels erhielt der Regierungschef Lerroux einen Teil der Gewinne. Der Gouverneur von San Sebastián verbot das Glücksspiel und als Strauss mit Lerroux zu sprechen versuchte, stellte sich dieser unwissend. Schließlich flog die ganze Geschichte auf, die Roulettes mussten wieder geschlossen werden und Lerroux reichte seinen Rücktritt ein. Das seltsame Wort steht heute als ein Synonym für ein betrügerisches Geschäft.

Der Leuchtturm krönt das schroffe Kap von Formentor

Die Halbinsel ist die nördliche Spitze der Insel →→

Von Cala Pi aus erkennt man Puig de la Pinoa

3

Alcúdia
Naturpark von s'Albufera
Artà
Capdepera
Portocristo

Badia de Pollença
Cap des Pinar
Platja des Coll Baix
sa Talia 445
Pollentia
Teatre Romà
Alcúdia
247
es Port d'Alcúdia
Illa d'Alcanada
N
268
Platges de Mallorca
Parc Natural de s'Albufera
Badia d'Alcúdia
Cap Ferrutx
432
Can Picafort
444
Cala Matzocs
Cala Estreta
Cala Mitjana
Cala Mesquida
Muro
Necròpolis de Son Real
Cala des Camps
Betlem
562
Cap des Freu
Ermita de Betlem
es Figueral de Son Real
405
271
Cala Moltó
Cala Agulla
Son Serra de Marina
sa Colònia de Sant Pere
Castell de Capdepera
Cala Rajada
Punta de Capdepera
Puig de Ferrutx 522
Cala Rajada
Santa Margalida
Artà
Sant Salvador
Capdepera
Cala des Carregador
Font de sa Cala
Cala de sa Font
487
ses Païsses
Maria de la Salut
sa Torre de Canyamel
204
Coves d'Artà
Ariany
Costa de Canyamel
Platges de Canyamel
472
Son Servera
Costa des Pins
Cap des Pinar
Sant Llorenç des Cardassar
Platja des Ribell
Petra
Cala Bona
Cala Bona
Badia de Son Servera
oan
Cala Millor
Cala Millor
Son Carrió
Vilafranca de Bonany
Manacor
Cala sa Nau
Castell de N'Amer
Punta de n'Amer
sa Coma
Platja de sa Coma
s'Illot
s'Illot
Cala Morlanda
Cova dels Hams
300
Portocristo
Coves del Drac
Son Macià
Cala Anguila

Alcúdia

Eines der Dörfer Mallorcas, das sein historisches und kulturelles Erbe am meisten pflegt und bewahrt, ist Alcúdia. Dies bestätigt ein Spaziergang durch die gepflasterte Altstadt mit den niedrigen Häusern, die nie höher als zwei Stockwerke sind. Die Altstadt ist von einer gut erhaltenen Stadtmauer umgeben. Dieser Stadt innerhalb der Stadtmauer sollten Sie ihre Aufmerksamkeit schenken. Bemerkenswert sind die Stadttore Porta de Xara, von Gärten umgeben, und Porta de Sant Sebastià (die auch als Mallorca bezeichnet wird). In Alcúdia befinden sich die Ruinen der römischen Stadt Pollentia, die im Jahr 123 vor Chr. von dem Kolonisten von Mallorca, Cecilio Metelo, gegründet wurde. In der Stadt, die noch erhalten ist und durch die verschiedene kulturelle Routen führen, befindet sich ein Amphitheater. Nach dem Sturz des römischen Reiches wurde die Stadt von Wandalen überfallen und wurde schließlich zu einem Landgut unter der Herrschaft der Taifas von Dènia. Der Name der Stadt geht auf diese Epoche zurück, Alcúdia bedeutet Hügel. Mit der Errichtung der Stadtmauern wurde begonnen, als

Porta de Xara, ein Überrest der alten Stadtmauer

Pfarrkirche

Mallorca in das Königreich Aragon aufgenommen wurde. Die Mauern beschützten die Edelleute und Großgrundbesitzer vor dem Aufstand der *Agermanats*. Nach diesem Aufstand erhielt die Stadt den Titel Ciudad Fidelísima (sehr treue Stadt), der ihr von Kaiser Karl V. verliehen wurde. Alcúdia wurde lange Zeit von Korsaren und Piraten heimgesucht, und verlor ständig an Bevölkerung. Im 18. Jh. begannen die Bevölkerungszahlen dann wieder zu steigen.

Obwohl der Ort heute hauptsächlich vom Tourismus lebt, gibt es dort auch viel Industrie, da sich dort der Hafen und das Kraftwerk befinden, das Mallorca und Menorca mit Strom versorgt. Nach Menorca besteht eine regelmäßige Seeverbindung. Der Fischfang ist ein anderer, wichtiger Wirtschaftszweig.

Port d'Alcúdia

Am Port d'Alcúdia vor der langen Meerespromenade gibt es einen wundervollen, breiten Strand, und das Wasser ist nicht sehr tief. In Richtung der Bahía de Pollença liegen die Strände Mal Pas und Ses Caletes, und in der Nähe des Hafens liegt S'Alcanada, der von einer kleinen Insel mit einem Leuchtturm geschützt wird, die den gleichen Namen trägt. Landschaftlich wertvoll ist das Feuchtgebiet S'Albufera, ein Naturpark, der ein wahres Paradies für Ornithologen ist.

Lange Strände, um Sonne und Meer zu genießen

In Alcúdia befindet sich die Stiftung Can Torró, eine Bibliothek, die mit den modernsten Lektüremethoden ausgestattet ist und in der eine Reihe von kulturellen Aktivitäten stattfinden. Diese Bibliothek wurde von einem der bedeutendsten Verleger Europas gegründet, nämlich von Reinhard Mohn (Bertelsmann Verlag). Die Stiftung Yannick i Ben Jakober befindet sich in einem bemerkenswerten Gebäude, das Werk des Ägypters Hassan Fathy ist.

Puerta de Sant Sebastià oder Puerta de Mallorca in der Stadtmauer von Alcúdia →→

Ruinen der römischen Stadt Pollentia

Römisches Amphitheater

Ses Caletes am östlichen Ende der Bucht von Pollença

Der Strand Es Coll Baix am Fuße des Sa Talaia d'Alcúdia →

Purpurreiher

← S'Albufera ist ein Ort mit einzigartiger Natur

Im Park können geschützte Arten beobachtet werden

In S'Albufera leben oder überwintern zahlreiche Vogelarten →

Can Picafort

Am Ende der Bucht von Alcúdia liegt Can Picafort, ein dichtbesiedelter Küstenstreifen mit zahlreichen Feriensiedlungen und Hotelkomplexen zwischen der Landstraße und dem Meer voller Dünen und Pinienhaine. Diese Küstenstreifen reicht von den Stränden Santa Margalida und Muro bis zur Cala de S'Aigo Dolça. Es handelt sich um schöne Strände mit feinem Sand und einer idyllischen Meerespromenade. Die 10 km bis Port d'Alcúdia bieten sich auch für eine Fahrradtour an. Die Region ist flach und es gibt einen fast durchgehenden Fahrradweg. Das Wasser ist hier nicht ganz so ruhig und flach wie in Alcúdia. In Meeresnähe befinden sich eine Reihe von Hotels mit Tradition, die sich harmonisch zwischen die Fassaden der Villen einfügen. An der ganzen Promenade sind nette Kneipen und Restaurants zu linden, in denen man essen und gleichzeitig seinen Blick übers Meer schweifen lassen kann, um das Kommen und Gehen der Wellen zu beobachten.

In diesem Gebiet liegt auch die beeindruckende Nekropole der Talayots Son Real, und zwar auf einem öffentlichen Anwesen mit dem gleichen Namen.

Der Strand Santa Margarida

Dämmerung in der Bucht von Alcúdia

Colònia de Sant Pere

Durch die Parzellierung der Äcker von Farrutx entstand im Jahr 1880 diese Küstensiedlung mit dem Namen Colònia de Sant Pere. Diese Colònia war traditionell der Ort, an dem die *artanencs,* die Bürger von Artà, den Sommer verbrachten. Ein anderer, typischer Ort der Insel ist Son Serra de Marina, wo einst die *murers, inquers, margalidans,* und *poblers,* also die Bürger von Muro, Inca, Santa Margalida und Sa Pobla ihren Sommerurlaub verbrachten.

Ein allseits beliebter Spaziergang führt nach Cap Ferrutx. Der Weg führt an idyllischen Buchten wie Caló des Camps und Es Canons vorbei.

Ein Winkel von Es Caló in der Nähe von Cap Ferrutx

Strand in Colònia de Sant Pere

Das Rotkehlchen ist eine der Vogelarten der Region

← Die Mandelblüte lässt die Landschaft leuchten

Artà

Der Ursprung des Ortes Artà geht sehr weit in die Vergangenheit zurück. Davon zeugen die Überreste der Talayots de Ses Païsses, die besichtigt werden können. Während der Herrschaft der Römer war dieses Gebiet von großer Bedeutung, und zur Zeit der Mauren war die Gemeinde einer der dreizehn Teile, in die die Insel unterteilt war. Nach der Eroberung Mallorcas durch Jaume I (Jakob I.) wurde der heutige Ort Artà gegründet.

Aufgrund der landwirtschaftlichen Aktivitäten und der Textilindustrie nahm die Bevölkerung im Ort zu, bis sie 1820 durch die Beulenpest stark dezimiert wurde. In den Sechzigerjahren begann hier der Tourismus, aufgrund dessen der Bau- und der Freizeitsektor einen starken Anstieg verzeichneten. Dennoch gibt es in Artà auch immer noch Land- und Viehwirtschaft und einige Unternehmen der Nahrungsmittelindustrie. Im Ortskern fallen vor allem die Häuser der sogenannten *indianos*, der aus Kuba zurückgekehrten Neureichen, auf (Can Sureda, Can Marqués, Can Cardaix...) und die Burg-Kapelle Santuari de Sant Salvador.

Kapelle von Sant Salvador

Festungsturm in der Stadtmauer von Artà

Zu dieser Kapelle führt eine Treppe mit 180 Stufen, die bei der Kirche beginnt. Während der Pest im Jahr 1820 wurde sie als Hospital benutzt, und obwohl sie aus dem 15. Jh. stammte, wurde das Gebäude aus diesem Grund verbrannt und wieder aufgebaut. Ein besonders schöner Ausflug führt zu der Wallfahrtskirche Betlem, von der aus man die gesamte Bucht von Alcúdia überblicken kann. Hier befinden sich eine Reihe ruhiger Buchten wie Estreta und Mitjana.

Am 16. und 17. Januar finden das Fest und der Jahrmarkt Sant Antoni statt, ein traditionelles und bei der Bevölkerung sehr beliebtes Fest.

Cala Estreta und Cala Mitjana auf der Halbinsel von Artà

Cap des Freu

Die weiße Zistrose, eine zarte Blume inmitten der Einöde
Der Pastinak ist eine andere Pflanze, die in der schroffen Umgebung gedeiht →

Capdepera

Capdepera liegt 8 km von Artà entfernt und war einst der Vorposten dieses Ortes in Richtung Meer. Jaume II (Jakob II.) ordnete dann die Errichtung einer Stadt auf dem Hügel an, der 162 m über dem Meeresspiegel liegt. Capdepera war jahrhundertelang von seinen Stadtmauern, den Verteidigungstürmen und den Piratenangriffen geprägt. Als die Gefahr allmählich nachließ, verließen die Bewohner die Stadt und begannen die Abhänge der Anhöhe zu besiedeln. Die alte Stadt heißt heute Castell de Capdepera. Inmitten der ummauerten Festung befindet sich die Kapelle Nostra Senyora de l'Esperança.

An der Küste liegen die hübschen Strände und Buchten Cala Gat, Cala Agulla, Cala Moltó, Es Carregador, Cala Lliteres und zwei Felseninseln, Es Freu am gleichnamigen Kap und Farallò an der Einfahrt zur Cala Gat. Lange Zeit stand der Name der Insel Far de Capdepera als Synonym für einen entfernten und unwirtlichen Ort.

Die Burgmauern krönen den Ort

Cala Mesquida mit Coll de Marina im Hintergrund

Leuchtturm auf der felsigen Landzunge Capdepera

Cala Agulla und Cala Moltó →

Cala Rajada

Cala Rajada war einer der ersten, touristisch genutzten Orte der Insel. Dieser Fischerhafen und Handelshafen von Capdera ist immer noch ein ganz bezaubernder Ort. In Cala Rajada läuft eine Fähre nach Menorca aus.

Sa Torre Cega, ein Palast, der sich im Eigentum der mächtigen Familie March befindet, erhebt sich auf einer Anhöhe und beherrscht den Kai. Der Palast ist für Besucher nicht geöffnet, aber die wundervoll dekorierten Gärten, in denen sich Skulpturen von Künstlern wie Henry Moore, Chillida, Rodin usw. befinden, können besichtigt werden.

Die interessantesten Strände dieser Region sind Cala Sa Font, Cala Agulla, ein Naturschutzgebiet, und Cala Mesquida.

Cala Moltó

Hafen in Cala Rajada

Canyamel | Coves d'Artà

Das Tal Canyamel, das aufgrund seiner Natur und Landschaft zur Área Natural de Especial Interés (Naturlandschaft von besonderem Interesse) erklärt wurde, verläuft an dem gleichnamigen Gebirgsbach entlang bis zu den bekannten Stränden. Der Name geht darauf zurück, dass hier seit dem Jahr 1468 Zuckerrohr (*canya de sucre* oder *canyamel*) angebaut wurde. Der Verteidigungsturm und die Siedlung tragen diesen Namen. Diese Siedlung befindet sich in der Nähe der Hölhen von Artà, die zu den beeindruckendsten natürlichen Höhlen gehören, die man auf Mallorca besuchen kann.

Vielleicht sollte man noch den seltsamen Umstand erwähnen, dass der Sand des Strandes eine entscheidende Rolle bei der Bekämpfung der Fettleibigkeit spielte. In den Sechzigerjahren hatten die Arbeiter des Unternehmens Roche, die dort ihren Sommerurlaub verbrachten, die unheilvolle Angewohnheit, sich zur Erinnerung eine Hand voll Sand mitzunehmen. Ein Ingenieur des Unternehmens nahm ebenfalls seinen Sand mit und ließ ihn analysieren. Zufällig wurde dabei ein Pilz isoliert, der *streptomyces toxytricini*, der eine entscheidende Rolle in der Entwicklung von Medikamenten spielte, die Übergewicht stoppen sollen.

Strand Es Ribell

Cala de Canyamel

In einer der Höhlen von Artà

Schon beim Hereingehen lassen sich viele geologische Wunder erahnen →

Cala Bona / Cala Millor

Cala Bona ist ein kleiner Fischerhafen, der, obwohl er so nahe an der Cala Millor liegt, viel ruhiger und gelassener wirkt. In der Umgebung können Sie interessante Ausflüge machen und wundervolle Dinge entdecken. Costa dels Pins, Son Servera, Sant Llorenç des Cardassar, S'Illot, mit einer interessanten Siedlung der Talayots, Punta Amer, Àrea Natural d'Especial Interès (Naturlandschaft von besonderem Interesse), wo sich ein Wachturm aus dem 17. Jh. befindet. Heute wird dort die bekannte Internationale Regatta für Heißluftballons abgehalten.

Der Strand Cala Millor ist 2 km lang und im Durchschnitt 45 m breit. Er wurde aufgrund des klaren Wassers und des feinen Sandes schon wiederholt von der Europäischen Gemeinschaft mit der „blauen Fahne" ausgezeichnet. Die Geschichte der wirtschaftlichen Entwicklung der Cala Millor ist gleichzeitig eine Zusammenfassung der Entwicklung des Tourismus auf Mallorca. Zwischen 1960 und 1970 fand ein starker wirtschaftlicher Aufschwung statt, dann kam die Krise der Achtzigerjahre und die Pläne für die Verschönerung und umweltgerechte Entwicklung.

Sandstrand von Son Servera

Die Blumenpracht im Frühjahr erstreckt sich bis zu den Stränden

Portocristo

Es handelt sich um den Hafen des Dorfes Manacor, und er gehört auch zu dieser Gemeinde. Dieser Ort wurde schon seit prähistorischen Zeiten bewohnt und hatte in der Römerzeit eine große Bedeutung. Der Sturzbach Ses Talaioles mündet in diesen Hafen und verwandelt sich in seinem letzten Stück in einen wundervollen Kanal. In der Umgebung von Portocristo befinden sich die Coves del Drac (Drachenhöhlen) und die Höhlen des Pirata (Piratenhöhle) und dels Hams. In den Coves del Drac liegt der See Martell, einer der größten unterirdischen Seen der Welt. In den Höhlen Hams existiert eine sehr seltsame Lebensform, winzige Krustentiere, die in dieser Höhle seit prähistorischen Zeiten überlebt haben.

Das Kulturangebot von Manacor ist sehr groß. Außerdem werden hier die berühmten Majorica-Perlen hergestellt (die Fabrik kann besichtigt werden). Andere interessante Ort in diesem Gemeindegebiet sind Cala Moreia, Cala Morlanda, Cala Petita, Cala Anguila, Cala Mendia, S'Estany d'en Mas, Cala Falcó, Cala Varques...

Sandstrand im Hafen

Der Hafen ist ein beliebter Treffpunkt für Touristen

Einer der Schätze der Höhlen del Drac ist der See Martell
← Die unterirdischen Gewässer spiegeln überraschende Szenarien wieder

4

Cales de Mallorca
Portocolom
Santanyí
Colònia de Sant Jordi
Illa de Cabrera

Llucmajor
Felanitx
Cales de Mallorca
Cala Domingos
es Domingos
Cala Murada
Santuari de Sant Salvador
510
Cala Murada
Castell de Santueri
Campos
Cas Concos des Cavallers
Portocolom
Cala de s'Algar
s'Horta
Caló d'en Marçal
Calonge
s'Alqueria Blanca
Cala sa Nau
Cala Mitjana
ses Talaies de Can Jordi
sa Ràpita
Cala d'Or
Santanyí
Marina de Cala d'Or
es Salobrar de Campos
Platja de sa Ràpita
es Llombards
Parc Natural de Mondragó
Portopetro
ses Salines
Cala Figuera
Cala Mondragó
Platja des Trenc
Cala Santanyí
sa Colònia de Sant Jordi
Cala Llombards
es Pontàs
Cala Figuera
es Tamarells
Cala Santanyí
sa Talaia Grossa
Cala Llombards
Platja des Carbó
Estany de ses Gambes
Platja de ses Roquetes
Cala de S'Almunia
Cala en Tugores
Platja des Caragol
64
Cap de ses Salines
Freu de Cabrera
Illa des Conills
101
Parc Nacional de Cabrera
N
es Castell
146
172
Illa de Cabrera

Cales de Mallorca

Cales de Mallorca ist ein recht dicht besiedeltes Gebiet, das in die Siedlungen Platja Tropicana, Cala Murada, Cala Antena übergeht. Die ganze Umgebung ist voller Strände und kleiner Buchten.

Zwischen Manacor und Cales de Mallorca befindet sich der Torre dels Enagistes. Es handelt sich um eine alte Verteidigungsanlage aus dem 15. Jh., in deren Räumen heute ein Archäologiemuseum und ein völkerkundliches Museum untergebracht sind. In der Nähe befindet sich die Gemeinde Felanitx mit ebenso sehenswerten Orten, Cas Concos des Cavaller, S'Horta, Es Carritxó, Son Mesquida, Son Negre, Son Valls...

Cala Magraner

Cala Es Domingos

Portocolom

Wird als der Hafen der Stadt Felanitx angesehen. Es handelt sich um einen der größten, natürlichen Häfen der Insel. Hier verschiffte man den Wein und den Schnaps auf den Kontinent, vor allem nach Frankreich, bis die Reblausplage gegen Ende des 19. Jh. die Weinreben zerstörte. Heute, nach einer sehr langen Zeit, wird hier wieder ein sehr aromatischer und schmackhafter Wein angebaut.

Der Hafen war auch der Schauplatz verschiedener Episoden in der Geschichte des Schmuggels. Heute wirkt der alte Hafen eher schläfrig und wird fast nur noch zu Freizeitzwecken genutzt.

In der Nähe des Hafens befindet sich Cala Marçal, ein Strand mit weißem Sand, an dem alle möglichen Dienstleistungen geboten werden. Eine ebenso interessante wie beliebte Alternative ist die unberührte Bucht S'Algar.

Fischerhafen

Sa Capella

Die Landbevölkerung lebte in früheren Zeiten von ihren Mandelbäumen
Die Ernte erfolgt immer noch nach traditionellen Methoden →

Sineu im Herzen der Insel ist eines der historischen Dörfer

Calas de Montdragó und S'Amarador →→

Cala d'Or

In Cala d'or verspürt man eine angenehme und internationale Atmosphäre. Um die drei benachbarten Buchten Cala Llonga, Caló de ses Dones und Cala Gran entstand ein großer Komplex, in dem qualitativ hochwertige Dienstleistungen geboten werden und sich ein Hafen befindet, in dem exklusive und luxuriöse Jachten anlegen. Das Zentrum ist eine Fußgängerzone mit attraktiven und edlen Bars, Shops und Restaurants. In einem dieser stilvollen Restaurants am Ufer des Meeres oder im Wassersportclub zu essen, ist nur zu empfehlen. In der Nähe der Cala d'Or befinden sich Cala Esmeralda, Cala Ferrera und Cala de Sa Nau mit ihren von feinem Sand bedeckten und von Pinienhainen umgebenen Stränden.

Türkisblaues Wasser in Cala Grau

Bootsgaragen auf Meereshöhe

Portopetro

Die Landspitzen Sa Torre und Es Frontet beschützen die Einfahrt zu diesem tiefen Hafen. Es handelt sich um einen ausgezeichneten Zufluchtsort für den Seefahrer, die Ankerplätze sind jedoch sehr begehrt und es ist nicht einfach, noch einen Platz zu finden. Seit dem 15. Jh. wurde aus diesem Hafen der berühmte Stein von Sanatanyí und Weizen exportiert.

Portopetro ist ein angenehmes Dorf, in dem sich die Fischer und Touristen mischen, ohne einander oder die Ruhe und Schönheit des Ortes zu stören. Einst lebte hier der Musiker Frederic Mompou.

Die Hafenmolen bilden eine sichere Zuflucht für die Seefahrer

Regatta im Hafen

Die gezackte Küste verbirgt traumhafte Landschaften

← *Idyllische kleine Buchten, die in anderen Zeiten als Versteck für Piraten dienten*

Cala Figuera

Cala Figuera ist ein natürlicher Zufluchtsort, der bei den Seefahrern, die die Insel besuchen, sehr beliebt ist. In Cala Figuera kann man durch den Hafen spazieren, der noch so aussieht, wie er einst war, den Fischern beim Reparieren der Netze zuschauen und verstehen, warum hier so viele spanische und internationale Maler Inspiration suchten, um die wundervolle Gelassenheit und den Frieden darzustellen, der sich in dem ruhigen Wasser widerspiegelt.

Szene am Meer

Die malerische Bucht ist ein friedlicher Ort

LOS ANGELES

Santanyí

Der Name dieses siebenhundertjährigen Dorfes, das im Laufe seiner Geschichte wiederholt von Piraten überfallen wurde, stammt von dem lateinischen *Santi Agnini* ab. Im 19. Jh. emigrierten viele Menschen aus diesem Ort auf die Nachbarinsel Menorca, an die Küsten von Algier und in andere Dörfer Mallorcas. Der Hauptwirtschaftszweig dieser Gemeinde ist der Tourismus, aber das Land wird auch landwirtschaftlich für Trockenkultur (Dryfarming) benutzt, und es gibt Steinbrüche für den *marès*, ein auf der Insel sehr beliebter Sandstein mit einer wundervollen Bernsteinfarbe. In diesem Gebiet befinden sich die Überreste der prähistorischern Siedlungen Sa Talaia Grossa und Ses Talaies de Can Jordi. Außerdem liegt hier der Parc Natural de Mondragó. Der Park ist 785 ha groß und erstreckt sich fast ausschließlich entlang der Küste. Zu dem Park gehören eine Reihe von Buchten (S'Amarador, Caló del Brogit, Caló del Sivinar...) und bis zu 30 m hohe Steilküsten (Cap del Moro, Solimina, el Blanquer...). Die Sturzbäche Amarador und Coves del Rei bilden kleine

Der Innenhof von Sa Rectoria

Sonntags findet auf dem Platz ein Wochenmarkt statt

Schluchten und überfluten Zonen, in denen sich mehr oder weniger beständige Teiche bilden. Ein kleiner Sandstreifen trennt am Strand S'Amarador den Teich vom Meer. In dieser Zone ist die Landschaft sehr abwechslungsreich, es gibt Schluchten, Buchten, Dünen und Feuchtgebiete, die sich durch einen großen Reichtum an Flora und Fauna auszeichnen.

Das Dorf Es Llombards an der gleichnamigen Bucht sollten Sie unbedingt besuchen. In der Cala Llombards befindet sich ein auffallender Bogen aus Stein, der vom Meer geformt wurde und Es Pontàs genannt wird. Andere interessante Buchten sind die Cala S'Almoina und Cala Santanyí. Die Küste, die nach Ses Salines weitergeht, ist flach und offen, aber sie steigt bis auf eine Höhe von 64 m am Kap Ses Salines an. Das Kap liegt am Südende der Insel. Die Ruhe und die wundervollen Sonnenuntergänge machen diesen Ort zu etwas ganz Besonderem.

Cala Santanyí mit seinem wundervollen Strand

Es Pontàs

Cala S'Almonia, Zuflucht der Fischer des Ortes

← In der Bucht

Caló des Moro in der Nähe von S'Almonia →→

Colònia de Sant Jordi

Colònia de Sant Jordi, wo der Horizont über dem Meer von der Silhouette von Cabrera beherrscht wird, ist ein Ort, an dem Familien den Sommer verbringen. In der Nähe von Colònia de Sant Jordi befinden sich die Sandstrände Carbó und des Caragol. Die Felseninseln von na Guardis (wo einst die Punier ihre Waren austauschten), des Caragol, Moltona und Pelada ziehen sich an der Küste von Colònia de Sant Jordi entlang. Hier liegt auch Es Trenc, ein wundervoller Strand mit Dünen und einer der wenigen FKK-Strände der Insel. Ganz in der Nähe dieses Sandstrandes liegen die Salinen, die bereits von den Römern genutzt wurden, und die zu Salobrar de Campos gehören, nach S'Albufera das zweitwichtigste Feuchtgebiet der Insel. Diese Saline ist gleichzeitig ein Vogelschutzgebiet (zona de especial protección para aves (ZEPA).

Sport- und Fischerhafen

Blick vom Meer

Colònia de Sant Jordi; Nahaufnahme im Hafen

Strand von Es Trenc in der Nähe von Ses Salines →

Illa de Cabrera

Die Inselgruppe Cabrera, die zum Nationalpark und Wasserschutzgebiet erklärt wurde, besteht aus den größeren Inseln Cabrera und Illa de Conills und weiteren 17 kleinen Felsinseln und Riffs (na Pobra, na Foradada, na Plana, l'Esponja, na Rodona, els Estells, l'Imperial...). Der auf Festland gelegene Teil des Parks umfasst 1318 ha und zum Wasserschutzgebiet gehören 8703 ha. Von den Häfen von Colònia de Sant Jordi, Portopetro oder sa Ràpita de Campos aus kann man den Park in einer oder anderthalb Stunden erreichen.

Auf Cabrera gab es während seiner ganzen Geschichte Kaum Bevölkerung, so dass die umgebende Natur sich absolut intakt erhalten hat. Wenn man zur Insel kommt, blickt man auf eine Burg aus dem 14. Jh., die von einem Hügel aus die Bucht mit kristallklarem Wasser beherrscht. In der Nähe des Hafens erinnert ein Monolith an die französischen Soldaten, die nach der Schlacht bei Bailén auf die Insel verbannt wurden, Misshandlungen erlitten und ihrem Schicksal überlassen wurden.

Die Burg beherrscht den Hafen

Ankunft auf der Insel

© *des Textes*
ALBERT HERRANZ

© *der Fotografien*
JAUME SERRAT *Seiten:* 9, 14, 24, 32-33, 39, 41, 42, 52, 58, 59, 66, 67, 68, 70, 72, 73, 74, 78, 80, 83 (1, 3), 85, 87, 88, 89, 90, 91, 93, 94, 101, 105, 106, 107, 111, 114, 115, 116, 118, 119, 120, 126-127, 130, 132, 138, 140, 145, 146, 150, 152, 158, 159, 161, 167, 174, 175, 177, 180, 181, 182-183, 185, 186, 187, 190, 191, 192, 193, 194, 195, 198-199, 200, 201, 202, 203, 204, 205 *und* 207 • **RICARD PLA** 27, 31, 38, 47, 48-49, 51, 57, 83 (4), 95, 103, 108, 113, 117 (3, 4), 123, 133, 134, 135, 153, 157, 162, 163, 176, 184, 188 *und* 189 • **SEBASTIÀ TORRENS** 53, 75, 102, 109, 112, 131, 136-137, 141, 142, 143, 149, 154 *und* 155 • **CARME VILA** 25, 37, 96, 97, 99, 100, 164, 165, 178, 179 *und* 196 • **MELBA LEVICK** 2, 15, 18, 55, 61, 71, 86 *und* 124 • **JORDI PUIG** 26, 46, 50, 83 (2), 92, 121, 151 *und* 156 • **SEBASTIÀ MAS** 12, 20, 23, 28, 45, 63 *und* 69 • **HUGO ARENELLA** 30, 40, 43, 54, 56, 84, 168 *und* 169 • **SERGI PADURA** 10-11, 21, 29, 35 *und* 144 • **JOAN MARC LINARES** 36, 64-65 *und* 81 • **BIEL SANTANDREU** 170 *und* 171 • **PERE VIVAS** 22 *und* 147 • **ANDRES CAMPOS** 60 *und* 62 • **JOAN OLIVA** 34 *und* 44 • **JOAN R. BONET** 98 *und* 197 • **AINA PLA** 117 (2) *und* 139 • **DANI CODINA** 122 *und* 125 • **MIGUEL RAURICH** 160 *und* 166 • **GASPAR VALERO** 79 • **ORIOL ALAMANY** 104 • **MIQUEL TRES** 82 •

Grafikdesign
MARTÍ ABRIL

Lay-out
TRIANGLE POSTALS

Übersetzung
SUSANNE ENGLER

Fotomechanick
TECNOART

Druck
NG NIVELL GRÀFIC

Hinterlegung eines Philichtexemplars **B-9285-2004**
ISBN **84-8478-073-2**

TRIANGLE POSTALS
Sant Lluís, Menorca
Tel. 971 15 04 51
www.trianglepostals.com